von der
Evang. Kirchengemeinde

© copyright Verlag Wort im Bild GmbH, Altenstadt 2006
Redaktion + Gestaltung: F. Christian Trebing

Fotos im Innenteil und auf den Umschlägen der Bildbände:
WiB-Archiv (9), F. Christian Trebing (5), Gunter Hartmann (4)
Foto Wolf (2)
Druck: Wort im Bild, Altenstadt/Hessen

Meine Wünsche zum Geburtstag

Gott segne Sie heute an Ihrem Festtag!
Er schenke Ihnen Gesundheit und Freude
an all dem, was diesem Tag Farbe gibt.

Gott schicke Ihnen gute Freunde,
liebe Menschen,
die Sie zur rechten Zeit besuchen,
die einfach da sind, wenn Sie sie brauchen.

Gott lasse Ihnen
die schöne Erfahrung zukommen,
geliebt zu werden und lieben zu können.

Gott beglücke Sie mit der Gewißheit,
daß er Ihr ganzes Leben schützend
in seinen kraftvollen Händen hält.

Gott gebe Ihnen ein fröhliches Lied
auf den Lippen und im Herzen.

Gott beschere Ihnen einen Tag,
den Sie noch lange in Erinnerung behalten,
weil er so schön war.

Täglich zu singen

Ich danke Gott mit Saitenspiel,
Dass ich kein König worden,
Ich wär geschmeichelt worden viel,
Und wär vielleicht verdorben.

Denn Ehr' und Reichtum treibt und bläht,
Hat mancherlei Gefahren,
Und vielen hat's das Herz verdreht,
Die weiland wacker waren.

Und all das Geld und all das Gut
Gewährt zwar viele Sachen;
Gesundheit, Schlaf und guten Mut
Kann's aber doch nicht machen.

Und die sind doch, bei Ja und Nein!
Ein rechter Lohn und Segen!
Drum will ich mich nicht groß kastei'n
Des vielen Geldes wegen.

Gott gebe mir nur jeden Tag,
Soviel ich darf zum Leben.
Er gibt's dem Sperling auf dem Dach:
Wie sollt' er's mir nicht geben!

Matthias Claudius

Herr, ich komme zur dir,
dass deine Berührung mich segne.
Bevor ich meinen Tag beginne,
lass deine Augen eine Weile
auf mir ruhen, mein Freund.
Lass mich das Bewusstsein
deiner Freundschaft mit
in diesen Tag nehmen.
Fülle meine Seele mit deiner Musik,
dass sie mich durch den Lärm
des Tages begleite.
Lass den Sonnenschein
deiner Liebe die Gipfel
meiner Gedanken küssen
und im Tal meines Lebens
die Ernte reifen.

Rabindranath Tagore, 1861-1941

LebensGeschenk

Äpfel, Birnen, Aprikosen,
Hemden, Kleider, Strümpfe, Hosen,
einen Farbstift und ein Buch,
einen Ball, ein buntes Tuch
und doch einen ganzen Haufen
kannst du dir für Geld wohl kaufen.
Doch es gibt auf dieser Welt
sehr viel Schönes ohne Geld:
Sternenhimmel, Sonnenstrahlen,
dafür brauchst du nichts zu zahlen.
Und dazu ist dir das Größte,
Schönste, Kostbarste und Beste
einfach als Geschenk gegeben.
Was das ist? Dein eignes Leben.

Helmut Zöpfl

Eine Legende – Wann beginnt der Tag?

Ein alter Rabbi fragte einst seine Schüler, wie man die Stunde bestimmt, in der die Nacht endet und der Tag beginnt. „Ist es, wenn man von weitem einen Hund von einem Schaf unterscheiden kann?", fragte einer der Schüler. „Nein", sagte der Rabbi. „Es ist dann, wenn Du in das Gesicht irgendeines Menschen blicken kannst und Deine Schwester oder Deinen Bruder siehst. Bis dahin ist die Nacht noch bei uns."

Leo A. Nefiodow

Nicht nur am Geburtstag

Ich wünsche dir, was du gerne magst.
Ich wünsche dir Antworten, wenn du fragst.
Ich wünsche dir Menschen, dir mit dir lachen,
dass Gott für dich da ist im Schlafen und Wachen.
Ich wünsche dir Träume, Spiele und Lieder,
in jedem Jahr Gänseblümchen und Flieder.

Vergiss die Träume nicht,
wenn die Nacht
wieder über dich hereinbricht
und die Dunkelheit
dich wieder gefangen zu nehmen droht.
Noch ist nicht alles verloren.

Deine Träume und deine Sehnsüchte
tragen Bilder der Hoffnung in sich.
Deine Seele weiß,
dass in der Tiefe Heilung schlummert
und bald in dir ein neuer Tag erwacht.

Ich wünsche dir,
dass du die Zeiten der Einsamkeit
nicht als versäumtes Leben erfährst,
sondern dass du beim Hineinhorchen
in dich selbst
noch Unerschlossenes
in dir entdeckst.

Ich wünsche dir,
dass dich all das Unerfüllte
in deinem Leben nicht erdrückt,
sondern dass du
dankbar sein kannst
für das, was dir
an Schönem gelingt.

Ich wünsche dir,
dass all deine Traurigkeiten
nicht vergeblich sind,
sondern dass du aus der Berührung
mit deinen Tiefen auch Freude
wieder neu erleben kannst.
Aus Irland

Der Herr segne dich.
Er erfülle deine Füße mit Tanz
und deine Arme mit Kraft.
Er erfülle dein Herz mit Zärtlichkeit
und deine Augen mit Lachen.
Er erfülle deine Ohren mit Musik
und deine Nase mit Wohlgerüchen.

Er erfülle deinen Mund mit Jubel
und dein Herz mit Freude.
Er schenke dir immer neu
die Gnade der Wüste:
Stille, frisches Wasser
und neue Hoffnung.

Er gebe uns allen immer neu die Kraft,
der Hoffnung ein Gesicht zu geben.
Es segne dich der Herr.

Aus Ägypten

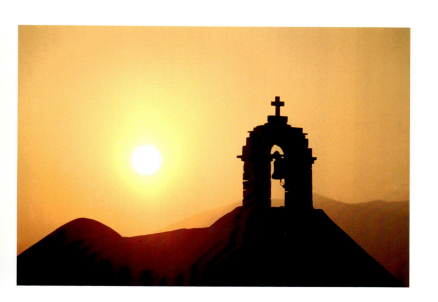

Mein neues Lebensjahr,
Herr, hat nun begonnen.
Segne mich in allem, was kommt.
Voller Dank für deine Gegenwart
seien die Tage, die du mir schenken willst.
Segne meine Augen, Gott,
damit ich dich lobe für das, was sie sehen.
Ich will segnen meine Nachbarn,
und ihr Segen möge mir gelten.
Gib mir ein offenes Herz und Hände,
die teilen, und mache mich
zu einem Segen in deinem Namen.

Aus Irland

Wie gut schmeckt das Brot,
wenn man es isst.

Gott segne Gerste und Weizen;
wie schön ist es,
die frische Luft zu atmen.

Gott segne den Sonnenschein;
wie schön ist es,
die Welt kennen zu lernen.

Gott segne die Leute,
die kommen und gehen!

Wie schön ist es,
sich am Leben zu freuen!

Geber allen Lebens,
sei du dafür gesegnet.

Aus England

Ich bin dein Schutzengel,
eins mit dir von Geburt bis zum Tod.
Ich bin bei dir, in dir, neben dir,
über dir, hinter dir.
Ich bin, wer du sein sollst
und im Innersten sein willst.
Ich trauere mit dir und weine mit dir,
ich freue mich mit dir und liebe mit dir.
Ich schütze dich, ich kämpfe für dich,
ich leite dich.

Wann immer du mich rufst,
bin ich schon bei dir,
und ich helfe dir auch dann,
wenn du es nicht weißt.
Meine Flügel umhüllen dich
wie ein leuchtendes Kleid.
Ich bin Gottes Segen. Immer bei dir.

Aus der Maulbronner Liturgie

Geburtstag

Öffnet einer die Tür für dein neues Jahr,
blickt dir sein erster Tag ins Gesicht.
Jeder kommende schenke dir Licht.
Öffne einer dir Augen und Herz zu sehen.
Gebe einer dir Erde, darauf zu gehen.
Schicke einer dir Menschen an die Tür
wecke dir Schritte in ihr Erwarten.
Blühe und reife dein Garten.

Gott segne dich im neuen Jahr.
Er beschirme dich in seiner Obhut
und fülle dein Leben mit Liebe.
Gottes herzliche Einladung leuchte
für alle deine Mitmenschen sichtbar
aus deinem Herzen hervor.
Und der Friede Christi begleite dich
durch jeden neuen Tag,
bis das vollkommene Leben beginnt.

Nicht jammern, sondern vertrauen

Jesus spricht in der Bergpredigt: „Sorget euch nicht um euer Leben und darum, dass ihr etwas zu essen habt, noch um euren Leib und darum, dass ihr etwas anzuziehen habt. Ist nicht das Leben wichtiger als die Nahrung und der Leib wichtiger als die Kleidung?
Trachtet vielmehr am ersten nach dem Reich Gottes und nach seiner Gerechtigkeit, dann wird Gott euch mit allen anderen Dingen versorgen." *(Nach Matthäus 6)*

Die Sorge greift um sich, sie fällt über uns wie eine Krankheit, sie lässt uns nicht zur Ruhe kommen, ob wir schlafen wollen oder aufstehen. Die Sorge ist allgegenwärtig. Die Jungen sorgen sich um die Arbeitsplätze, um die Zukunft der Energieversorgung, um den Frieden in einer von vielen lokalen Kriegen bedrohten Welt, die Alten sorgen sich um die Rente, um die Kinder und Enkel und die vielen Krankheiten, die noch kommen können. Die Sorge lähmt unser Herz und unser Handeln. Hier kommt nun Jesus und sagt einfach: Sorget nicht. Macht euch keine Sorgen.

Das ist leicht gesagt, werden Sie einwenden. Was sollen wir tun, wenn wir doch allen Grund zur Sorge haben?
Viele von uns stehen auf dem Müll ihrer Lebensgeschichte und haben das Gefühl, den hat Gott uns eingebrockt! Na klar, hat man einen Schuldigen gefunden, ist man selbst entlastet. So funktioniert das doch bei uns Menschen schon im zarten Kindesalter.
Es fällt uns schwer zuzugeben, dass wir alles unter uns begraben haben, was das Leben verschönern sollte. All der schöne Schein, Häuser, Wohnungen, Möbel, Autos, all die wunderbaren elektronischen Geräte - all diese Dinge an denen unser Herz hing, sie stellen sich nun als Schrott heraus.
Was ist all das gegen einen Menschen, der uns verlässt, gegen eine lebensbedrohliche

Krankheit? Was ist das schon im Angesicht des Sterbens eines geliebten Menschen?
Wir sind verlorengegangen zwischen Plastikteilen und Gummirädern, zwischen Fastfood und Powerdrinks. Zu lange haben wir in einer Scheinwelt gelebt und den Wert des Lebens mit Gott überhaupt nicht geschätzt. Zu spät haben wir erkannt, es hat alles seinen Preis, doch wir können ihn nicht bezahlen, weil uns die passende Währung fehlt. Wir haben unser Leben in Euro und Cent gerechnet, doch in Gottes Augen wären Rücksicht und Liebe nötig gewesen. Diese Scheine gab es nicht auf der Bank und die sie uns schenken wollten, haben wir als Miesmacher ausgelacht. Das Leben ohne Rücksicht auf Gott und seinen Willen war doch so schön einfach und klar...
Doch um Euch Wohlstandskinder sorgt Gott sich schon lange, sagt Jesus, denn Ihr seid Menschen, die Gott besonders liebt. Euch hat er schon ewig im Auge, obwohl Ihr immer nach unten geblickt habt, auf das, was Ihr euch selbst geschaffen habt.
Kümmert Euch jetzt zuerst um Gott. Denn es geht um Euer Leben, um das Leben vor dem Tod und das Leben danach.

Wer sich in der täglichen Sorge um Essen und Trinken verirrt, der geht am Leben vorbei. Wer immer nur nimmt, was er kriegen kann, wer verbraucht und nicht danach fragt, was er anrichtet, der macht aus Gottes Schöpfung die Hölle auf Erden.

Gott lädt ein zu einem Leben, das den Tod nicht fürchten muss. Und dieses Leben beginnt für euch heute, wenn Ihr umkehrt und ein neues Leben beginnt. Also besinnt Euch darauf, dass Ihr an der Spitze einer Müllpyramide steht: Geldgier, Machthunger, Genuss-Sucht und Götzenverehrung.

Gott verwandelt den Müll in neue Lebensqualität. Deshalb streckt ihm die offene Hand entgegen und nicht die Faust. Wer auf seinem eigenen Dreck besteht und dem Schöpfer nur die Schuld am hausgemachten Un-Sinn gibt, der wartet vergeblich auf Hilfe. Doch wer ihm die Hand entgegenstreckt, dem kann er aus der Misere seines Lebens helfen. Sorgt euch nicht, freut Euch vielmehr. Die Liebe Gottes ist ein Luxus, den sich jeder leisten kann.

F. Christian Trebing

Von der heiteren Seite

Heinrich Heine wurde in seinen letzten Lebenstagen in Paris von einem Freund besucht. Er kam gerade hinzu, als zwei Krankenschwestern ihn in ein frisches Bett legten. „Wie geht's, Heinrich?", fragte der Freund. - „Recht gut", antwortete Heine, „ich werde immer noch von Frauen auf Händen getragen."

Da der Physiker Albert Einstein meist mit Wichtigerem beschäftigt war, hatte er mit den kleinen Dingen des alltäglichen Lebens oft gewisse Schwierigkeiten. So konnte er während einer Reise zu einem Vortrag seine Zugfahrkarte nicht finden. Er kramte, suchte, drehte alle Taschen um - vergebens. Der Fahrkartenkontrolleur hatte Mitleid und sagte, er solle sich einfach eine neue Karte kaufen, und die alte als unbenutzt einreichen, wenn er sie gefunden habe. Er bekäme dann sein Fahrgeld zurück. „Das Geld ist nicht das Schlimmste", erwiderte Einstein, „aber ohne Fahrschein weiß ich doch nicht, wohin ich eigentlich fahren wollte."

Eine Dame fand auf einem Ausflug eine Amsel mit gebrochenem Flügel. Sie wollte sie mitnehmen und zu Hause gesund pflegen; aber man stellte ihr überzeugend dar, dass dies nach den Umständen der weiteren Fahrt schlechterdings nicht angehen würde. „Nun denn", sagte sie seufzend, „ich sehe es ein: Wir können den armen Vogel nicht retten und müssen ihn leider der Fürsorge Gottes überlassen."

In anderer Weise bezeichnend ist auch der Stoßseufzer des Bischofs Thillier, der im 18. Jahrhundert von Marseille nach Ajaccio (Korsika) segeln musste. Als sie in Seenot gerieten, fragte er ängstlich einen Matrosen: „Sind wir in Gefahr?"
„Das will ich meinen! Wenn der Sturm nicht nachlässt, sind wir in zwei Stunden spätestens alle im Paradies."
„Gott bewahre uns davor!", rief der fromme Bischof entsetzt.

Sehr vernünftig antwortete dagegen ein alter Pfarrer seinem Arzt, der nach der Untersuchung ein ernstes Gesicht machte. „Wie steht's?" fragte er nicht ohne einen Anflug von Sorge. „Es steht alles in Gottes Hand", war die Antwort. „Wir wollen das Beste zu Gott hoffen." Der Geistliche lächelte. „Herr Doktor, zu Gott hoffen - das kann ich, glaube ich, besser als Sie. Sagen Sie mir lieber, was ich von Ihnen zu hoffen habe."

„Welch' prächtiger Birnbaum", meinte der Pastor beim Abschied, „da werden Sie im Herbst Gott für manchen schönen Korb voll Früchten zu danken haben."
„Ja, ja, Herr Pastor", antwortete der Bauer demütig und faltete unwillkürlich die Hände. Dann nach einer kurzen Pause: „Jeblieht hat er nich."

„Ich suche ein schönes Buch für einen Kranken", sagte Herr K. zu seinem Buchhändler. Er dachte nach. „Darf es vielleicht etwas Frommes sein - oder geht es schon besser?"

„Liebe Kinder", beginnt der Pfarrer seine Katechese, „Ihr wollt doch alle gerne in den Himmel kommen." Da hebt sich aus dem zustimmenden Gemurmel das entschiedene „Nein!" eines kleinen Jungen heraus.
„Wie, Karlchen, Du möchtest nicht in den Himmel kommen, wenn Du stirbst??"
„Ach so, wenn ich sterbe! Das schon. Ich dachte, Sie meinten: für gleich."

Der Vikar hatte sich einen Hausbesuch vorgenommen. Er läutete an der Hausglocke. Da tönte es ihm aus der Sprechanlage entgegen: „Bist Du es, mein Engel?" - „Nein", antwortete der Vikar schmunzelnd: „Ich bin nicht der Engel, aber ich gehöre zur gleichen Firma."

An einem Abend wurde eine Sitzung des Pfarrgemeinderates abgehalten. Die Pfarrhaushälterin hatte die Aufgabe, für das leibliche Wohl zu sorgen. Die Sitzung hatte schon begonnen, da betrat sie noch einmal den Raum, um zu überprüfen, ob alles in

Ordnung sei. Etwas irritiert durch diese Störung, fragte der Pfarrer: „Was gibt's denn?" - Oh, nichts Besonderes! Ich wollte nur noch einmal nachschauen, ob alle Flaschen da sind!"

𝓔in alpenländischer Bauer ist schwer krank, und der Pfarrer ist bei ihm.
„Will er nun allen seinen Feinden vergeben, Haselbauer, ehe er das heilige Abendmahl empfängt?"
„Ja, Hochwürden, das will i. Ich will alln meinen Feinden vergebn - nur dem Hansjörg net. Der hat mich zu arg ang'schmiert."
„Haselbauer, hier gilt kein Ausnehmen, und wenn er erst gestorben ist, so ist's zu spät."
„Nun, so will i dem auch vergebn. wenn i sterbn sollt - wird's aber wieder besser mit mir, nachher bleibt's beim alten."

𝓔in immerwährendes Problem in den Kirchengemeinden ist die Ermutigung zu einer angemessenen Kollekte für die vielfältigen Aufgaben der Gemeinde. Sie hat bei manchen Pfarrern schon einen bitteren

Humor hervorgebracht. Der bekannte Prediger und Autor John Bunyan (1628-1683) hatte nach einer Ansprache seinen Hut durch die Reihen gehen lassen - und leer zurückerhalten. Darauf sprach er folgendes Dankgebet: „Ich danke dir, Herr, dass diese Halunken mir meinen Hut doch zurückgegeben haben."

Marion betet: „Lieber Gott, du weißt es ja, wie ich in der Schule alles so schwer begreife. Hilf mir bitte! Mach, dass ich alles besser begreife; unser Lehrer schafft das bei mir mit dem besten Willen nicht!"

Der reiche Bankier liegt im Sterben und empfängt die letzte Ölung. Er fragt: „Angenommen, ich vermache der Kirche jetzt eine Million - kann ich dann gewiss sein, in den Himmel zu kommen?"
„Nun", sagt der gewissenhafte Geistliche, „ich möchte Ihnen keine falschen Sicherheiten bieten. Aber ein Versuch dürfte sich auf alle Fälle lohnen. Sie sollten die Spekulation wagen."

Jeder Christ ist ein Botschafter der Guten Nachricht, auch wenn es vielen Menschen nicht bewusst ist. Mancher erklärt allerdings sein Christsein zur Privatsache und möchte nicht, dass ein anderer davon weiß. Vielleicht ist es ihm auch peinlich zu den Kirchenleuten zu gehören. Heute wird es aber in den Gemeinden immer dringlicher, dass auch die sogenannten „Laien" ihre Verantwortung für Verkündigung und Seelsorge erkennen. Gelebtes Christsein kann mit der Freude des Glaubens nicht hinter dem Berg halten. Diese Freude aus der Vergebung und Befreiung drängt nach außen, will sich mitteilen und auch die Liebe Gottes teilen. Von einem Pfarrer, der verzweifelt seiner Gemeinde mit einer drastischen Methode dies nahebringen wollte, handelt die folgende Geschichte.
Eines Tages stieg dieser Pfarrer zur Predigt auf die Kanzel und sprach: „Liebe Gemeinde, kennt Ihr das Thema, worüber ich mit euch sprechen will?"
„Wir kennen es nicht", tönte es aus den Kirchenbänken.
„Ja, wie soll ich dann mit Euch über etwas sprechen, was Ihr gar nicht kennt?"

Sprach's, stieg von der Kanzel wieder hinunter und ging davon.

Das nächste Mal begann er mit derselben Frage: „Wisst Ihr, meine Gläubigen, was ich Euch sagen will?"

Diesmal gaben diese wohlweislich die entgegengesetzte Antwort: „Ja, wir wissen es."

„Was soll ich Euch denn dann erzählen, wenn Ihr sowieso schon Bescheid wisst?"

Und wieder stieg der Pfarrer von der Kanzel.

Jetzt schlug ein Kirchenvorsteher der betretenen Gemeinde vor, wenn der Pfarrer am nächsten Sonntag wiederkomme, sollten die einen sagen: „Wir wissen es", und die anderen: „Wir wissen es nicht." Dieser Ratschluss fand Beifall und wurde befolgt. Aber der Pfarrer antwortete darauf jetzt folgendermaßen:

„Sehr gut. Da mögen es die, die es wissen, denen, die es noch nicht wissen, mitteilen" - und verschwand.

Gehen wir mal davon aus, dass die Geschichte gut erfunden ist, denn wohl kein Pfarrer würde sich heute getrauen, so zu handeln, ohne seine Versetzung herauszufordern. Trotzdem kann sie uns deutlich machen, wie das Evangelium unter die Menschen kommt,

einer erzählt es dem anderen, damit die Freude geteilt wird.

Pater Bartholomäus, der als Missionar in Alaska wirkt, wurde während seines Heimaturlaubs gefragt: „Ist es dort oben wirklich so kalt?"
Nun war Pater Bartholomäus seit jeher ein Witzbold ersten Ranges. Dementsprechend schalkhaft kam auch seine Antwort: „Dort oben in Alaska ist es wirklich furchtbar kalt. Wenn ich beim Gottesdienst predige, dann kommen meine Worte als Eisstücke aus dem Mund. Die Leute wissen erst nach dem Auftauen, was ich ihnen gepredigt habe!"
Auch bei uns wünscht man sich oft in unseren Kirchen weniger den eisigen Wind ewiger Forderungen (und seien sie noch mit so frommen Worten verbrämt), sondern mehr den „Wärmestrom" des Evangeliums, der Zusage, der Ermutigung und Freude. Wenn dann noch ein wenig Humor die Predigt würzt, dann kann Gottes Geist so richtig zum Zug kommen. Die Menschen öffnen sich der Freudenbotschaft und verschließen sich nicht dem Angebot der Freiheit. Wenn dieses Heft ein wenig dazu

beigetragen hat, dass Sie echtes Vertrauen in Gottes Liebe finden und Ihr Leben reicher wird von fröhlichem Lachen, dann ist ein erster Schritt gemacht.

Heiterkeit ist ein Privileg der Erlösten, sie haben die Kraft, das Leben auch in Schwierigkeiten leichter zu nehmen, weil sie Gottes Hände spüren. Ich wünsche Ihnen mit diesen Zeilen heute, die Heiterkeit eines Kindes, das in Gottes Armen geborgen ist. Dessen Gesicht leuchtet von dem Glück, geliebt zu werden von einem einmaligen Vater. Denn Gott ist wie ein Vater, der barmherzig gibt und voller Langmut bewahrt und tröstet.

Jesus selbst hat uns Gott nicht nur in seinem Gebet, dem Vaterunser, sondern auch in vielen Gleichnissen und Erzählungen nahe gebracht. Er zeigt uns das Bild eines Vaters, dem kein Vater dieser Welt entsprechen kann. Niemand außer Gott selbst ist fähig, so zu lieben und zu vergeben gegen allen Hass, alle Feindschaft und Gemeinheit auf Erden. In dieser wunderbaren Liebe sind wir gut aufgehoben durch alle Zeiten hindurch.

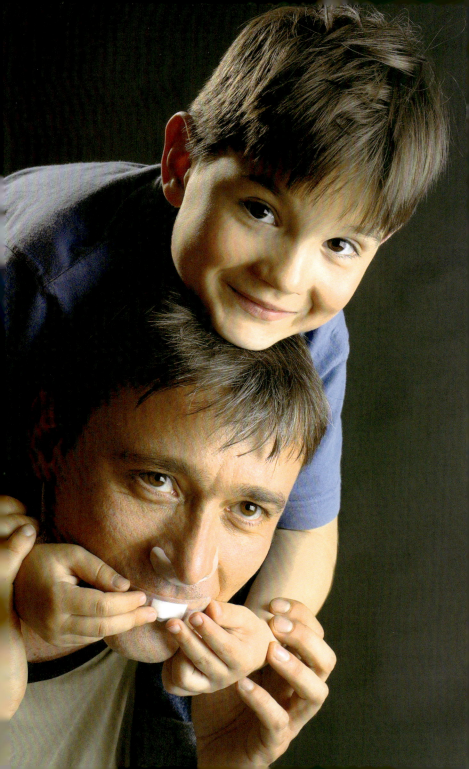

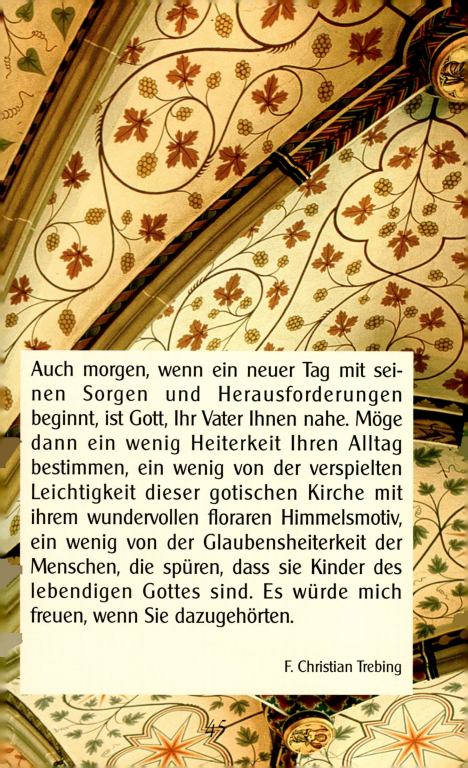

Auch morgen, wenn ein neuer Tag mit seinen Sorgen und Herausforderungen beginnt, ist Gott, Ihr Vater Ihnen nahe. Möge dann ein wenig Heiterkeit Ihren Alltag bestimmen, ein wenig von der verspielten Leichtigkeit dieser gotischen Kirche mit ihrem wundervollen floraren Himmelsmotiv, ein wenig von der Glaubensheiterkeit der Menschen, die spüren, dass sie Kinder des lebendigen Gottes sind. Es würde mich freuen, wenn Sie dazugehörten.

F. Christian Trebing

Abschiedssegen

Liebe Freundin und Schwester
Lieber Freund und Bruder
Gott unser Herr über Anfang und Ende
Gestern, heute und morgen
Möge dir auf deiner großen Reise in die
Zukunft stets nahe sein
So sehr wir dich auch vermissen werden
Genauso wissen wir aber auch
Dass in den neuen Gegenden Gottes
In denen du nun leben und arbeiten wirst
Deine Güte dein Humor und deine
Sprache willkommen sein wird
Möge der Herr Krankheit und Gewalt von
Dir fern halten
Deine Gabe Feinde in Freunde zu
Verwandeln weiterhin segnen
Und dich in deiner Sanftheit bestärken
Möge er uns noch oft an deine
Freundlichkeit
Und deine Geduld erinnern
Und uns allen ein fröhliches
Wiedersehen bescheren.

Diesen Bildband (Ausgabe 2006/2007) gibt es in gleicher Ausstattung mit unterschiedlichen Titelblättern für folgende Anlässe:

Best. Nr. 878.940
Herzliche Segenswünsche zum Geburtstag

Best. Nr. 878.942
Herzliche Segenswünsche zum
70. Geburtstag

Best. Nr. 878.943
Herzliche Segenswünsche zum
75. Geburtstag

Best. Nr. 878.944
Herzliche Segenswünsche zum
80. Geburtstag

Best. Nr. 878.945
Herzliche Segenswünsche zum
85. Geburtstag

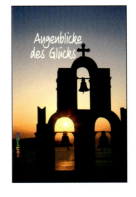

Best. Nr. 878.941
Augenblicke des Glücks